DIÁLOGOS PARA
MATRIMONIOS
1

José Young

Ediciones Crecimiento Cristiano

© **Ediciones Crecimiento Cristiano**
Córdoba 419 / Tel: 0353-4912450
5903 Villa Nueva, Córdoba
Argentina

oficina@edicionescc.com
www.edicionescc.com

Ediciones Crecimiento Cristiano se dedica a la enseñanza
del mensaje evangélico por medio de la literatura.

Primera edición: 8/85
Reimpresión: 4/04

I.S.B.N. 950-9596-82-5

Diseño de Tapa: Ana Ruth Santacruz
Impreso en los talleres de Ediciones Crecimiento Cristiano

IMPRESO EN ARGENTINA   VM3

Introducción

El título de este cuaderno indica el propósito de esta serie de estudios. Ser esposo o esposa no es necesariamente una tarea fácil. La vida conyugal tiene muchas dimensiones, en las que pueden existir también muchas tensiones y problemas. Cada pareja debe examinar las distintas facetas de esa vida conversando, aclarando puntos de vista, llegando a conclusiones mutuas, orando.

He preparado estos estudios con la convicción de que necesitamos dialogar sobre estos temas. Necesitamos pensar, examinar nuestra relación matrimonial, orar e intentar rectificar los errores y tomar juntos un camino nuevo.

Probablemente la parte mas difícil es lograr ser honestos. Es fácil ver las fallas de nuestro esposo o esposa, pero es muy difícil reconocer nuestros propios errores. Sugiero, para los que estudien este cuaderno, las siguientes "reglas de juego".

⇨ Ser honesto, transparente. Sé que cuesta y hasta cierto punto es peligroso. Pero este estudio solamente tendrá valor en la medida de que cada participante muestre completa honestidad.

⇨ Aceptar las opiniones ajenas, sin reaccionar en contra. Del diálogo sacamos mucho provecho; de la pelea cosechamos mucho daño. Si siente que se le sube la mostaza, es mejor callarse hasta que pueda calmar los nervios.

⇨ Utilizar estos estudios como un medio para poner su propio matrimonio en orden, y no para criticar o acusar a su cónyuge.

Notas:

• Hay algunas preguntas en esta guía que son muy personales. Son las preguntas dentro de un recuadro, marcadas "personal". No es necesario tratar estas preguntas en el grupo a menos que previamente se decida hacerlo.

• Reconozco que algunas parejas pueden comenzar este estudio con su relación matrimonial seriamente dañada. Tal vez lo tengan disimulado al principio, pero es muy posible que el estudio mismo destape tensiones y problemas graves.

Por esta razón recomiendo que el grupo tenga un pastor o un psicólogo creyente, que puede servir como persona de referencia. Conviene hablarle antes de comenzar el estudio, explicando lo que van a hacer y pidiéndole su colaboración.

Sería conveniente invitarlo a que los acompañe en algun encuentro. No en todos, porque su presencia puede inhibir al grupo. Si surge algún conflicto grave de pareja en el trascurso del estudio, conviene pedirle que sirva de consejero en ese caso.

Sumario

1
¿Dónde estamos ahora?

—*Vieja.*
—*Sí, Carlitos.*
—*¿Dónde está el diario?*
—*Lo dejé en el sillón.*

—*Carlitos.*
—*¿Sí?*
—*¿Te acuerdas cuando éramos novios que un día fuimos al parque Almendra a andar en bote y remar?*
—*Mmmm.*
—*Estaba vestida de blanco, y me dijiste que era más linda que una flor. ¿Recuerdas?*
—*Mmmm.*
—*¿Todavía te gusta que me vista de blanco?*
—*Mmmm.*
—*Recuerdo que hablamos de lo que íbamos a hacer cuando tuviéramos nuestra propia casa y como te gustaban los niños. Era lindo como hablábamos en esos días. Me gustaría que pudiéramos hacerlo de nuevo... como si comenzáramos de nuevo...*
—*¡Bueno! ¡Déjame en paz! Sí, es lindo hablar, pero ¡ahora quiero leer el diario!*
—*Pero Carlitos, nunca hablamos de nada.*
—*¿Y qué quieres? Me paso todo el día hablando, y cuando llego a casa ya no tengo ganas de hablar más pavadas. ¿Entiendes?*
—*Sí, Carlitos.*

¿ Una exageración, o una escena que se repite más de lo que queremos admitir? A veces parece que no hay ninguna relación entre la pareja de novios que fueron, y los viejos quejosos que hoy son. ¿Qué ha pasado? ¿En qué han errado?

¿Pueden hacer algo para mejorar su situación? En este momento no vamos a enfrentar todas estas preguntas, pero sí lo haremos a lo largo de esta serie de estudios. Aunque es urgente que las enfrentemos, debemos primero intentar un proceso de evaluación, fijar metas y buscar soluciones. Son muchas las razones de por qué la gente se casa. Algunas son válidas, otras no. A veces una razón es importante para una persona, pero no para otra. Y especialmente entre mujeres y hombres, tiende a haber ciertas diferencias en la importancia que dan a esas razones.

1/ Como primer ejercicio para esta lección, trate de enumerar algunas de las razones principales de por qué los hombres y las mujeres se casan.

Razones de los hombres   *Razones de las mujeres*

2/ Cuando pensaba casarse, ¿qué razones de las enumeradas fueron las más importantes para usted?

3/ ¿Cuáles de esas razones fueron las más importantes para su cónyuge?

4/ Seguramente cuando se casaron, cada uno de ustedes tenía alguna idea formada de como sería la vida matrimonial. ¿Hay alguna relación entre esas expectativas y la realidad que viven ahora?

5/ Si sus expectativas y la realidad no concuerdan, ¿puede identificar una o más razones de por qué no han podido concretar su ideal?

La relación matrimonial, como todos los aspectos de la vida humana, es algo que crece; es vivir un proceso que nos lleva hacia la madurez, hacia lo que fue el propósito de Dios al crear al hombre y la mujer.

Génesis 2:24 lo dice con claridad: se rompe la relación con los padres y se unen, con el propósito de crear una nueva persona.

No es demasiado difícil para dos cristianos vivir bajo el mismo techo en armonía, pero para llegar a ser una sola persona la relación necesita crecer durante toda su vida.

Pero como todo proceso, siempre estamos en camino, nunca llegamos a un nivel donde no podemos avanzar más. Aunque seguramente la mayoría de las parejas se estancan en algún punto de ese proceso, sin embargo tienen la *potencia* de seguir creciendo, especialmente si son hijos de Dios.

La solución, por lo menos en teoría, es sencilla: hacer una evaluación para ver hasta dónde hemos avanzado en el camino hacia la madurez matrimonial; aprender algunos de los principios que pueden aplicarse al crecimiento; y, por supuesto, tener la valentía de aplicar esos principios a nuestra propia vida de pareja.

El primer paso, entonces, es hacer una evaluación del progreso de su vida en pareja. En la siguiente página hay una lista de diez valores. En cada una debe asignar un número en la escala de cero a diez que representa el estado actual de su relación. Diez, por supuesto, sería lo ideal, lo máximo que se puede lograr en esa categoría. Diez implica que han logrado todo el progreso posible, que han aprendido todo lo que se puede, que han trabajado al máximo según sus capacidades para mejorar esa área de su vida en pareja. Recuerde: lo que se quiere evaluar es su vida de pareja, no sólo su participación individual en ella.

Sumando los números para cada categoría, en el caso ideal, daría un resultado de 100 puntos. Probablemente usted logrará menos de esa cantidad.

Por supuesto, no es fácil hacer la evaluación objetivamente. No nos conocemos a nosotros mismos, y todos tenemos áreas de nuestras vidas donde nos engañamos. Uno de los propósitos de las lecciones siguientes es ayudarnos a examinarnos con honestidad, y conociéndonos mejor a nosotros mismos, aplicar las correciones necesarias para que seamos más sanos.

Una vez que haya terminado la evaluación, es importante comparar su resultado con él de su cónyuge. Si son parecidos, indicará que concuerdan en cuanto al estado de su matrimonio. Si el resultado no es muy parejo, es importante averiguar por qué. Por alguna razón, no están evaluando su relación de la misma manera.

No deben desanimarse si los resultados son muy bajos. Cada

punto bajo en la evaluación indica un aspecto de su vida de pareja que tiene esperanzas de mejorarse. La evaluación servirá como una guía para ayudarles a comenzar a trabajar constructivamente en su relación de pareja. En el transcurso de estos estudios, trataremos más a fondo cada una de esas áreas.

No hay razón por la que no puedan mejorar esta evaluación de su vida de matrimonio. Oren para que al terminar esta serie de diálogos, puedan hacer la misma evaluación y notar que han mejorado.

Nota Esta evaluación es para usted y su cónyuge, no es para discutir en el grupo.

Evaluación

1 ____ Se han fijado valores y metas para su vida de pareja que servirán para hacer futuras decisiones. Están de acuerdo en esas metas y valores. Hablan de ellos.

2 ____ Los dos se han comprometido para seguir creciendo. Buscan maneras de mejorar su relación, de crecer juntos.

3 ____ Se comunican, no solamente a nivel superficial, sino en lo más íntimo. No hay barreras entre los dos, son completamente "transparentes" y honestos el uno con el otro. Se dicen las cosas, y no las dejan guardadas en su interior.

4 ____ Cuando hay conflictos, desacuerdos, han aprendido a utilizarlos para mejorar su relación. Son constructivos, no destructivos.

5 ____ Muestran cariño, aprecio el uno para el otro. Se sienten realmente amados por el otro.

6 ____ Están de acuerdo en cuanto al papel de cada uno en el hogar, referente a la división de los quehaceres, el cuidado de los hijos, etc.

7 ____ Saben trabajar juntos, cooperan en la vida de hogar y también en actividades fuera del hogar. Son verdaderos compañeros.

8 ____ Ambos están satisfechos con su vida sexual.

9 ____ Están de acuerdo en el uso del dinero, en quién maneja las cuentas, en las ofrendas, etc.

10a ____ Tienen criterios comunes sobre la crianza de sus hijos.

Comparten la responsabilidad en la crianza de sus hijos.

10b ____ Han logrado acuerdo en la manera de tomar decisiones. Ninguno de los dos se siente manipulado por el otro.

____ Total

Nota: Para el número diez hay dos posibilidades. Si tiene hijos, entonces debe responder a 10a; si no los tienen, entonces les corresponde 10b.

2
Modelos

—¡Que linda película!

—No... a mí no me gustó, era muy irreal.

—¿Cómo irreal? Así debemos vivir. Cuando tenga una familia, quiero que sea así. Un lindo chalet rodeado por árboles. Una mujer así, cariñosa, atenta. ¿Viste como mimaba a su marido? Y los chicos, así, bien educados...

—Pero nadie vive de esa forma... es pura ilusión.

—¿Por qué ilusión? Me pareció perfecto. Los chicos sentados en la mesa, calladitos, bien peinados. La señora bien vestida. La mesa con mantel blanco, flores. Conversaban acerca de cosas importantes...

—Pero te repito, ¿quién vive así?

—Bueno, puede ser que las familias que conocemos no sean así, pero si es imposible, ¿cómo van a hacer una película de ésas? Sí, mi casa es una desgracia. Pero cuando yo me case, va a ser diferente. Ya verás. Tendremos todo bien arreglado, y no vamos a pelearnos nunca. Ya lo vas a ver...

Modelos. Necesitamos modelos... tenemos modelos. El problema es que los modelos que el mundo nos ofrece son de papel, meras ilusiones, distorsiones de la realidad.

Examinar un poco los modelos que nos ofrecen la TV y las revistas es un buen ejercicio. Según ellos, ¿cómo es un padre, una madre, la relación entre esposos, la relación entre padres e hijos? Es muy difícil tener familias sanas cuando los modelos que se nos ofrecen son un desastre.

Pero como cristianos sabemos que tenemos otro modelo: la relación entre esposo y esposa debe ser como la que existe entre Cristo y su iglesia. Un bello modelo... pero tan bello y "sublime" que no sabemos aplicarlo a nuestra vida real.

En esta lección vamos a tratar de aplicar ese modelo a nuestra relación de pareja. Es cierto que es muy ideal, pero por lo menos podemos sacar algunas pautas prácticas para aplicar.

Comencemos con Efesios 5:21-23. Antes de intentar responder a las preguntas, leamos el pasaje en por lo menos dos versiones de la Biblia.

Es importante notar que los vv. 22 a 24 son para las esposas, no para los esposos, y no pueden servir de pretexto por parte de ellos para abusar de sus mujeres. De la misma manera los vv. 25 a 30 son para los esposos, y no deben servir de pretexto a las esposas para exigírselos a ellos. Si uno cumple su parte, tanto más fácil será para el otro hacer lo mismo.

1/ Explique cómo este pasaje nos ayuda a evitar dos tendencias extremas por parte de los maridos:
  a/ De ser caudillo, de tratar a su esposa como si fuera una sirvienta.

  b/ De "borrarse", de dejar el manejo de la familia a su esposa.

2/ Explique también como este pasaje nos ayuda a evitar dos tendencias extremas por parte de las esposas:

a/ De asumir la dirección de su familia porque su marido "no cumple su parte".

b/ De dedicarse exclusivamente a los niños y dejar que su marido "viva su propia vida".

Por supuesto, es imposible para un hombre amar a su esposa "como Cristo amó a la iglesia". Sin embargo, él es nuestro modelo.

3/ Entonces, ¿cómo debemos aplicar:

a/ Los vv. 26 y 27?

b/ El v. 29?

El verbo "sujetarse" o "estar sujeto" aquí es muy fuerte. En su uso original era mayormente un término militar, y vemos su fuerza en pasajes como 1 Corintios 15:27,28, Efesios 1:22 y Filipenses 3:21. Si no fuera por el equilibrio que encontramos en el pasaje, podría servir de pretexto para que un esposo abuse de su esposa.

4/ Explique como la aplicación de *todo* el pasaje (vv. 21-33) evitaría posibles abusos de parte de los esposos.

5/ ¿Por qué Pablo exhorta a los esposos a amar, y a las esposas a respetar? ¿Por qué no les exigió lo mismo a los dos? ¿No debería el esposo respetar y la esposa amar?

El v. 31 se toma de Génesis 2:14, y es conveniente leer también Génesis 2:25 que amplía ese concepto de unidad. Se refiere al sexo, por supuesto, pero va mucho más allá, abarcando otros aspectos de la vida matrimonial.

6/ Explique cómo debe ser la relación entre un hombre y una mujer si son realmente "una sola cosa" y "una sola persona".

No hay duda que el modelo de matrimonio que se ofrece en estos versículos es exigente, pero ¿los otros modelos ofrecen soluciones?

7/ Explique por qué los otros modelos —como el que vimos al principio de esta lección— son dañinos.

Sí, Dios es exigente, pero sabemos que él es el único que nos puede dar las pautas que nos conducirán hacia una familia sana y feliz. Y aunque sintamos que hemos progresado poco hacia ese ideal, no hay duda que podemos crecer. Dios quiere que crezcamos en todos los aspectos de nuestra vida, y nos ayudará también a crecer en esa área.

3
La comunicación

—¿Y qué dijeron tus padres de eso del colegio?
—¿Mis padres?... nada.
—Pero, ¿no hablaron del asunto?
—Mira, en mi casa hablamos poco. Mi viejo sale tempra-
no, y mi vieja pone la radio apenas se levanta. Durante el
almuerzo siempre vemos el noticiero, y para la cena el
programa de Pancho Durán es sagrado. Estamos bien pe-
gados a la tele... y bueno, de todos modos, en mi familia
no hay mucho de que hablar.
—Nosotros siempre tenemos una sobremesa larga.
—¿Sobremesa? Pues las únicas veces que tenemos sobre-
mesa es cuando viene el tío Pablo, y es para discutir. Sa-
bes muy bien que con los viejos no hay nada de que ha-
blar... ellos están en lo suyo, y uno está en otra cosa. ¿Có-
mo les voy a hablar del colegio si a ellos no les importa
un pepino? Y peor todavía, si mamá comienza a criticar a
papá, después discuten, y mi viejo se queda más callado
que un bagre y chau sobremesa.

La primera necesidad para un matrimonio sano, y una familia sana, es la buena comunicación. La situación del hogar que describe la escena con la cual comenzamos esta lección es bastante común, y explica, en parte, por qué tantas familias se destruyen... y si no se destruyen, viven sumergidas en la apatía y la soledad.

Como vimos en la lección anterior, Dios quiere que la pareja sea una sola persona, sin barreras, "desnudas" en todo aspecto de su vida, y sin sentir vergüenza. Es imposible lograr esto sin una buena comunicación.

Paul Tournier, conocido por sus muchos escritos, dijo lo siguiente en cuanto a los problemas matrimoniales [1]:

---

[1] *La Armonía Conyugal, por Paul Tournier, pág. 11. Publicado por Editorial La Aurora.*

La falta más frecuente, me parece, es la falta de transparencia. Yo entrevisto a muchos matrimonios. En el trasfondo de sus dificultades encuentro siempre esa falta de apertura mutua, leal y completa, sin la cual no puede existir verdadera comprensión. Una pareja que tenga el coraje de decirse siempre todo, pasará seguramente por muchas sacudidas, pero podrá construir un matrimonio cada vez más logrado. En tanto que todo ocultamiento será, a la vez, la señal y el camino del fracaso.

Muchos esposos no se dan cuenta de que se ocultan así mutuamente una parte de sus sentimientos, de sus ideas, de sus convicciones y de sus reacciones personales. Al empezar una entrevista, un marido me dice muy sinceramente: '¡Oh, yo le digo todo a mi mujer!' Y luego nos ponemos a hablar de muchas cosas que le preocupan. Al fin, le pregunto: '¿Qué piensa su esposa de todo esto?' La respuesta salta: 'Oh, me cuido bien de hablarle de esto; no me entendería'.

'Ella no me entendería' quiere decir: 'Ella no compartiría mi parecer' y 'quiero evitar toda disputa'. Muy a menudo, pues, es para mantener la paz que los esposos se acostumbran a hacer a un lado ciertos temas, y justamente temas cargados de emotividad, temas muy importantes para una verdadera comprensión mutua. Entonces, poco a poco, ese vidrio transparente que debe ser el vínculo entre un marido y su esposa, se empaña. Comienzan a convertirse en extraños el uno para el otro. Pierden esa unidad absoluta que es la ley divina del matrimonio.

Probablemente el Dr. Tournier también acertó en cuanto a usted y su cónyuge. La mayoría no hemos aprendido a comunicarnos a ese nivel, pero podemos hacerlo.

1/ Alguien dijo una vez: "El diálogo es para el amor, lo que la sangre es para el cuerpo". ¿Qué significa esa frase para usted?

No es muy difícil comprender por que hay falta de comunicación, de transparencia en la mayoría de los matrimonios. Es algo bastante común y muy estudiado por los consejeros y sociólogos. Lo que ocurre normalmente es un proceso parecido al siguiente.

Los novios pasan horas charlando, explorando los intereses y actitudes del otro, pensando en su futuro. Y generalmente esa apertura inicial dura los primeros años — aunque en algunos casos son los primeros meses— del matrimonio. Pero luego ocurren varias cosas:

Primero, comienzan a conocerse. Ya saben más o menos cómo va a reaccionar el otro, qué actitudes tiene en cuanto a la mayoría de los temas. Ya no hay necesidad de explorar más, ya se "conocen" y toman por sentado que no existe nada nuevo que aprender del otro.

Segundo, desde el momento del embarazo, su conversación comienza a girar alrededor del hijo. La mayor parte de los temas de conversación de los padres tienen que ver con la escuela, la ropa, los problemas de disciplina, etc. Antes, la pareja fijaba su atención en sí misma, pero luego "la familia" ocupa el escenario.

Y *tercero*, los dos comienzan a crearse un estilo de vida propio, a vivir en mundos separados. El marido tiene su trabajo, y sus compañeros de trabajo. Allí pasa la mayor parte del día, y es algo que su esposa no puede compartir con él. Ella está cada vez más sumergida en el mundo de compras, de niños, de vecinos, de mantener la casa. A él, no le interesa realmente el precio de las papas en el mercado de la esquina, ni tampoco cómo se viste la niña del vecino. Y ella, en la mayoría de los casos, no está en condiciones de comprender ni de interesarse en el trabajo de su esposo.

La vida de matrimonio llega a ser una rutina, y la conversación en la mesa no pasa de lo trivial. El resultado es que dos personas que habían comenzado a acercarse a ser una sola persona, se han aislado en mundos ajenos, y en vez de ser amigos íntimos, apenas se conocen.

2/ Ahora, ¿qué le parece? ¿Este planteo es demasiado crítico, muy exagerado, o es algo real? ¿Cómo ha sido y es su propia experiencia de pareja?

Mirando la situación más de cerca, nos damos cuenta que hay varios niveles de conversación. Por ejemplo, es posible hablar una hora entera sin decirnos nada mas que superficialidades, sin realmente comunicar lo que somos y sentimos. Veamos unos ejemplos. Siete posibles niveles de comunicación pueden ser:

1 - Conversar casualmente como conocidos. *"¿Qué tal... cómo te fue hoy?" "¿Hermoso día, no?"*

2 - Compartir información. *"Carlos me dijo que pensaba cambiar el coche este mes". "Fui de nuevo al médico y me dio un medicamento nuevo. . ."*

3 - Descubrirse, compartir emociones, actitudes, lo que sentimos. *"El encuentro con Pablo me dejó muy desanimado..." "¿Sabes? Creo que realmente nos hemos equivocado en este asunto..." "Ayer me sentía como un león, pero hoy..."*

4 - Hacer planes, fijar metas. *"Creo que debemos sentarnos y charlar de nuevo sobre cuánto dinero y cuánto tiempo debemos dar a la iglesia". "Necesitamos fijar pautas claras para Pablo en cuanto a su horario de llegada los sábados".*

5 - Expresar desacuerdo, discutir "positivamente". *"Mira, hay algo que me ha preocupado por mucho tiempo, y quiero que convercemos sobre esto." "Me siento mal por algo que no hemos resuelto todavía, y quiero que lo aclaremos..."*

6 - Apoyar al otro, animarlo. *"Gracias por la manera en que me ayudaste ayer..." "Realmente me gusta cuando haces eso..."*

7 - Escuchar, realmente escuchar. No con el propósito de responder, sino de comprender.

3/ Cuando eran novios:

a/ ¿Qué niveles de los mencionados formaban parte de su conversación normal?

b/ Si faltó uno, ¿se da cuenta por qué?

4/ Ahora que son esposos:

a/ ¿Qué niveles son los más habituales en su conversación diaria?

b/ Si falta uno, ¿se da cuenta por qué?

Lo que pasa muchas veces es que la pareja comienza en un nivel de conversación, pero después de meses o años, paulatinamente cambian a otro. Levantan barreras, crece la falta de transparencia. Hablamos, pero a la vez nos escondemos tras palabras vacías.

¿Por qué? El Dr. Tournier dice que es por miedo. Tenemos miedo de abrirnos realmente a nuestro cónyuge. Miedo de que se burle de nosotros, que nos critique. "Ah... eso ya lo sabía... eres un inútil y te lo dije mil veces". "¿Dices que te sientes deprimido? ¿Y cómo tengo que sentirme yo después de haber vivido cinco años con semejante esposo?" Tenemos miedo de crear otro conflicto. Sabemos que si sacamos tal tema, es casi inevitable una reacción. Entonces, ¿para qué? Es más fácil callarnos, no enfrentar la realidad, y seguir viviendo de una manera superficial con nuestro cónyuge.

Sucede que la mayoría nos sentimos vulnerables. No nos atrevemos a bajar las defensas. Si pensamos que nuestro cónyuge no nos comprende, y peor aún, si nos va a criticar, aprendemos a esconder bien adentro lo que sentimos.

Pero éste es otro aspecto de la vida donde todos podemos y debemos crecer. Nunca es tarde para romper los moldes del pasado y buscar maneras de abrir grietas en los muros que hemos edificado en nuestro matrimonio. Voy a terminar esta lección con tres pautas prácticas, tres principios de la comunicación que debemos tratar de implementar ahora en nuestro hogar.

Primero: Decir siempre la verdad. Por supuesto, no lo estoy acusando de mentiroso... creo que generalmente nosotros, como seguidores de Jesucristo, no vamos a mentir directamente. Pero lo que sí hacemos es esconder la verdad, decimos una parte de ella, la esquivamos. Por ejemplo:

—¿Cómo te sientes hoy?
—Bien... sí, bien.
—Pero te noto algo preocupado.
—No, no es nada. tal vez me siento un poco cansado...

Pero la realidad es que está con una bronca bárbara por una cosa que ella dijo la noche anterior, pero no quiere decir nada porque no tiene ganas de discutir. Lo va a archivar junto con centenares de incidentes semejantes, con el resultado de que le va a costar cada vez más decir la verdad.

Pregunta personal

5/ En su propio matrimonio:
a/ ¿usted siempre dice la verdad a su cónyuge?

b/ ¿Cree que su cónyuge le dice siempre la verdad?

c/ Si siente que hay una falta de transparencia entre los dos, ¿se da cuenta por qué no se atreven a decirse siempre la verdad?

Segundo: Aceptar al otro. Todos tenemos que aceptar que nuestro cónyuge es diferente. Piensa, siente y procede de una forma distinta a la nuestra. Y tenemos que aceptar que nuestras quejas, amenazas y consejos no van a cambiarlo. Nunca lo vamos a meter en nuestro molde, y en vez de luchar para tratar de cambiarlo, debemos aprender a aceptarlo tal cual es. Igual que nosotros, ha sido creado a la imagen de Dios, y Dios nos ama a los dos, a pesar de nuestras muchas faltas. Si hay conflictos entre ambos, soy yo quien debo cambiar, no mi pareja.

Por supuesto, hay casos extremos donde uno de los dos está "enfermo", como por ejemplo, un esposo borracho o violento. En casos así, sí debemos buscar cambios, pero con la ayuda de un pastor u otra persona capacitada. Estoy hablando aquí de las diferencias normales de carácter, preferencias, costumbres, etc.

6/ En su matrimonio:

a/ ¿Usted ha podido aceptar a su cónyuge tal como es, o todavía está tratando de cambiarlo?

b/ ¿Siente que su cónyuge no está satisfecho, y está tratando de cambiarlo a usted?

Tercero: Pónganse de acuerdo en atacar los problemas y no a las personas. Normalmente, cuando hay un problema en el hogar, la lucha toma esta forma:

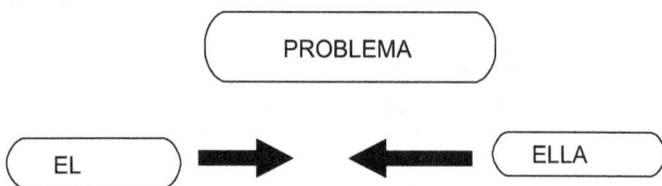

PROBLEMA

EL ➡️ ⬅️ ELLA

Se acusan, sacan a la luz viejas críticas, y utilizan el problema como pretexto para herir al otro, o para demostrar inútilmente que "Yo tengo razón". Pero la lucha debe tomar esta forma:

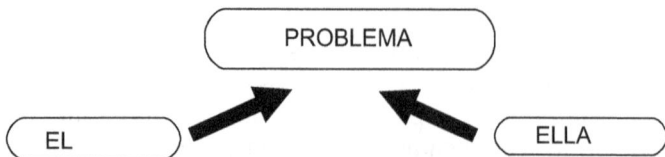

PROBLEMA

EL ↗️ ↖️ ELLA

El enfoque debe ser el problema mismo, y no la otra persona. El énfasis debe ser: ¿Qué vamos a hacer, juntos, para solucionar este problema?" Un problema debe servir para unirnos, no para separarnos. Pero hemos de hablar de esto con más detalle en otra lección.

7/ ¿Puede pensar en un ejemplo donde usted y su cónyuge utilizaron un problema para atacarse mutuamente?

Al terminar esta lección pido dos cosas:

⇒ Comience a escuchar lo que se dice en su hogar. Escúchese a sí mismo, a su esposa o esposo. Trate de ver si realmente se están comunicando.

⇒ Trate de medirse según las tres pautas que damos al final de la lección. Califíquese según ellas con un promedio entre cero y diez.

En una de las lecciones siguientes vamos a pedir otra evaluación para ver si en su hogar han podido progresar en el arte de comunicarse.

4

Lo que veo en el espejo

¿Te gusta mi departamentito? ¿Viste qué lindo que está? Claro... vivo sola. Pensar que hace unos años no era así. Aunque no lo creas, tengo esposo y dos hijos. Pero el sinvergüenza se fue con ellos... ¡bah... menos mal! Realmente eran inaguantables. Sabes, a mí me gusta tener todo en orden. ¡Mira estos pisos! Pero cuando hay chicos, es imposible. Ropa por ahí, juguetes por todas partes, ¡y cuando entran con las zapatillas sucias!... Y no te digo nada de mi marido. ¡Qué hombre más descuidado! Si no dejaba el diario en el sofá, apoyaba sus pies en la mesita de luz. ¡En la mesita de luz! ¿Puedes imaginarlo? ¡Pero yo le dije, eh! No soy de las que se quedan calladas cuando te vienen a estropear todo el trabajo. Y él siempre con sus excusas, y los chicos con sus discusiones. La verdad, me hacían la vida imposible. Pasaba horas limpiando y arreglando la casa para ellos, llegaban y me querían deshacer todo. No, querida, yo no puedo tolerar esas cosas.¡Y lo peor es su ingratitud! En vez de apreciar todo lo que hacía por ellos, me acusaban. Es cierto, a veces me siento sola... pienso en mis hijos... pero estoy mejor así, sola, con mi departamento bien arreglado y limpio, y nadie que me moleste. Pero realmente no los entiendo. No hacía más que sacrificarme por ellos y, sin embargo, siempre se quejaban. Y para colmo, ¡se fueron echándome la culpa! No, realmente no comprendo..."

El matrimonio es la escuela donde dos personas diferentes inevitablemente tienen que aprender a adaptarse la una a la otra. Es la única manera de lograr la relación que Dios estableció. Pero mi tarea no es intentar cambiar a mi cónyuge... eso tengo que dejárselo a Dios. La persona a quien tengo que cambiar es a mí mismo.

Pero el problema es que normalmente no nos conocemos. Casi todos somos ciegos en cuanto a algunos aspectos de nuestras vidas, aspectos que otras personas ven —especialmente nuestro cónyuge— pero que nosotros, inconscientemente, no queremos enfrentar.

Pensemos en el "monólogo" de la introducción.

1/ ¿Qué concepto se forma usted de esta persona? ¿Cómo la describiría?

2/ ¿Qué concepto tiene ella de sí misma? ¿Cómo se ve a sí misma?

3/ ¿Cuál fue, en esencia, la causa de la división en ese hogar?

Los expertos dicen, con toda razón, que el concepto que tenemos de nosotros mismos afecta mucho la relación de pareja. Si pienso que soy un superdotado, que sé todo y nadie se acerca a mis capacidades, por supuesto esa actitud se refleja en la manera en que trato a mi cónyuge e hijos. Pero el otro extremo también es negativo. Si pienso que soy un fracasado, que siempre digo las cosas mal, que si intento algo, casi seguro voy a fracasar, esa actitud afecta a mi relación con otras personas.

A continuación, damos un resumen de los resultados extremos al tener un concepto distorsionado de nosotros mismos:

Hombre que exagera su propia importancia. Probablemente va a ser muy exigente con su esposa y sus hijos. Será autoritario y duro en su disciplina. No escuchará a su esposa cuando trata de sugerirle una cosa o aun pedirle moderación.

Hombre que se desprecia a sí mismo. Probablemente no tomará el liderazgo en su hogar, y dejará la disciplina de los hijos a su esposa. Pensará dentro de sí: "Fracaso en todo. Nadie me quiere". Su falta de confianza en sí mismo lo llevará a borrarse de toda responsabilidad.

Mujer que exagera su propia importancia. Seguramente no va a querer someterse a su esposo. Pensará que puede hacer las cosas igual, o mejor que él, y tomará la iniciativa y responsabilidad en la relación. Probablemente será muy crítica y tratará de moldear a su esposo a su imagen.

Mujer que se desprecia a sí misma. Le costará expresarse, mostrar amor y cariño a su familia. Tenderá siempre a despreciarse, a tener una humildad exagerada, y evitará toda responsabilidad que no sean las mínimas del hogar.

Actitud exagerada	Actitudes buenas	Actitud
avaro ⟵	económico -generoso ⟶	irresponsable económicamen
cargoso ⟵	entusiasta - ⟶	indiferente
frío, sin emociones ⟵	objetivo - subjetivo ⟶	demasiado emocional
inflexible ⟵	disciplinado - ⟶	descuidado

Por supuesto, para el seguidor de Jesucristo, cualquiera de los extremos está fuera de lugar. Tenemos buenas razones para no pensar ni de más, ni de menos acerca de nosotros mismos. Hay personas que dicen: "Soy así, y no puedo cambiar". Pero para el hijo de Dios, eso es una mentira. Dios está moldeándonos a la imagen de su Hijo, y no hay ningún aspecto de nuestra vida que él no pueda cambiar.

Pero está la otra cara de la moneda. En muchos de los casos, la actitud o reacción mala, es meramente una exageración de una actitud o reacción buena. Note, por ejemplo, como las características del encuadro están relacionadas, pero van de un extremo al otro.

En estos casos, las características indeseables son exageraciones de características deseables. Y así Dios puede tomar los aspectos negativos de nuestras vidas, retocarlos, con el resultado de que sean positivos.

Pero el problema es que, como vimos al comienzo de esta lección, normalmente no nos damos cuenta de cómo somos.

4/ En el cuadro abajo hay una lista de varias características. Trate de evaluarse en cada caso entre los dos extremos. Por ejemplo, en el primer caso, si su tendencia es ser muy exigente, entonces debe marcar el número 1. Si al contrario, se siente muy "blando", debe marcar el 5.

Pregunta 4

	1	2	3	4	5	
exigente						blando
líder						seguidor
impaciente						paciente
fácil de enojarse						dócil
nervioso						tranquilo
seguro de sí mismo						lleno de dudas
crítico de otros						vive sintiéndose culpable
disciplinado						desordenado
sensible						avaro
generoso						

5/ Muestre el resultado del ejercicio anterior a su cónyuge. ¿Está de acuerdo con su evaluación? Si no es así, es importante saber por qué. ¿Qué diferencias hay entre la manera en que usted se evalúa y su cónyuge lo ve a usted?

Es posible que usted y su cónyuge no estén de acuerdo con esa evaluación. Si es así, posiblemente también haya aspectos de su vida que inconscientemente, no quiere enfrentar. Si usted ve en el espejo a una persona, pero su cónyuge ve a otra, es hora de examinarse para poder ver cuál es el problema.

El concepto que tenemos de nosotros mismos es normalmente inconsciente, ya que es algo que viene desde nuestra niñez. Son muchos los factores que han tomado parte para moldearnos: nuestro temperamento, nuestras capacidades, nuestro aspecto físico; también nuestros padres y la relación que llevábamos con ellos, los amigos, los maestros; y, por supuesto, las experiencias de la vida que son únicas para cada uno de nosotros. A veces, si nos ponemos a pensar, descubriremos las raíces de algunas de nuestras actitudes actuales, pero muchas veces somos inconscientes de su origen.

Pero ahora nuestra actitud hacia nosotros mismos y hacia otras personas debe ser controlada por nuestra relación con Jesucristo. Pablo dijo que el que "está unido a Cristo es una nueva persona. Las cosas viejas pasaron; lo que ahora hay, es nuevo" (2 Corintios 5:17).

6/ Piense un momento en el creyente que tiende a estimarse demasiado, a exagerar su propia importancia.
    a/ ¿Qué razones dan los siguientes versículos para no pensar así? 1 Corintios 6:19,20; Romanos 2:1-3; 1 Pedro 5:5,6.

b/¿Qué otra razón puede dar usted?

7/ Tomemos ahora el caso del creyente que se subestima a sí mismo, que piensa que tiene poco valor o importancia.
a/ ¿Qué razón dan los siguientes versículos para no pensar así? 2 Corintios 12:8-10; Santiago 1:9; 1 Corintios 3:21,22.

b/¿Qué otra razón puede dar usted?

En Romanos 12:3 Pablo nos da este consejo: "... digo a todos ustedes que ninguno piense de sí mismo más de lo que debe pensar. Antes bien, cada uno piense de sí con moderación..." Y creo que podemos decir lo mismo de otra manera: "digo a todos ustedes que ninguno piense ni más ni menos de lo que debe pensar. Antes bien, cada uno piense de sí con objetividad".

8/ ¿Cómo podemos aplicar a nuestra vida diaria este principio de pensar en nosotros mismos con moderación, con objetividad?

Termino con un consejo. Piense en un aspecto de su propio carácter que para usted es negativo, un aspecto exagerado que con la ayuda de Dios logre superar, o mejor aun, que pueda llegar a ser positivo.

⇒ Confiese esa falla a Dios. Pídale ayuda para cambiar, para que él lo transforme de tal manera que pueda llegar a ser más semejante a Cristo.

⇒ Piense: ¿De dónde viene esto? ¿Es una actitud que he heredado de mis padres, el resultado de alguna experiencia negativa, o qué? La comprensión de un problema es parte de la solución.

⇒ Convérselo con su cónyuge. Pídale su ayuda para reformar ese aspecto de su carácter. Pídale paciencia y ayuda.

Si usted está realmente dispuesto a cambiar ese aspecto de su vida, con la ayuda de Dios y de su cónyuge, seguramente lo logrará. Puede ser que demore semanas o meses —la obra de Dios es un proceso— pero es una tarea que podemos emprender con confianza, porque sabemos que lo que estamos pidiendo es la voluntad de Dios.

5
Compromiso

¿Juan? Sí, lo conozco. La primera vez que lo vi fue en un campamento en las sierras, hace años. Me acuerdo porque se destacó por su interés en los temas de estudio. Inteligente, despierto. Y creo que era más o menos en esa época que comenzó a salir con Lilián. Formaban una linda pareja.

No estuve en su casamiento, pero visité la iglesia otra vez cuando ella estaba embarazada. No era fácil para ellos. Él estaba terminando sus estudios, y apenas tenían lo suficiente para mantenerse, pero eran felices. Creo que en esa época tenían su propio departamentito.

Los vi luego con su hijita... ¡una linda nena! Juan recién había recibido un ofrecimiento para ocupar un puesto importante en una empresa, y parecía que iban a salir de sus apuros económicos. Él siempre seguía estudioso, tratando de mejorarse.

Pasaron un par de años antes de que me invitaran de nuevo a esa iglesia, y para mi sorpresa, Lilián estaba sola con la nena. Cuando le pregunté a uno de los responsables de la iglesia, me dijo que Juan la había dejado y vivía solo en el centro. Pregunté por qué lo había hecho y me contestó que, cuando ellos hablaron con él, dijo que "estaba en otra cosa; Lilián era una chica humilde y él ya se movía entre otra gente, y ella ahora no lo podía acompañar", y no sé qué otras cosas.

La última vez que estuve allí me dijeron que Juan ya tenía un puesto muy importante en una gran empresa. No sé con quién vivía. Lilián vive con su madre y la nena, pero la veo tan sola. Trabaja para mantenerse. La verdad es que cada vez que la encuentro pienso en ellos dos durante ese campamento en las sierras.

> COMPROMISO: obligación contraída, palabra dada,
> fe empeñada. (El diccionario)

Si tuviéramos que seleccionar una sola palabra para definir el matrimonio, tendría que ser la palabra "compromiso". Un acuerdo entre dos partes, una decisión compartida, un acto de la voluntad.

En el casamiento, dos personas se comprometen:

⇒ **mutuamente**, a respetarse, cuidarse, amarse, ser fieles el uno al otro hasta que la muerte los separe.

⇒ **delante de Dios**, a buscar su voluntad para su matrimonio y cumplirla.

⇒ **delante de la nación**, al firmar un acuerdo legal que los une.

⇒ **delante de la sociedad**, al dejar a sus padres, para formar un nuevo hogar.

La falta de voluntad para seguir luchando y mejorar la relación de pareja es una de las principales causas de los problemas matrimoniales. Cuando vienen las primeras desilusiones, decimos "esto no va a andar", nos lavamos las manos, y desde ese momento la relación queda estancada.

Es como la pareja que compra un terreno al lado de su casa, pues quieren tener un lindo jardín con flores. Colocan dos sillas en el terreno, y se sientan, esperando que aparezca el jardín. Pero el bello jardín —como el matrimonio feliz— no aparece mágicamente, sino que requiere trabajo.

Para el discípulo de Jesucristo, las palabras del Señor en Mateo 19:6 tienen un significado especial. El matrimonio no es meramente un contrato legal; es un compromiso sellado por Dios mismo. La esencia del casamiento cristiano es un comprometerse delante de Dios para crecer en una relación que perdura a pesar de todo.

Nuestro matrimonio debe basarse en esas decisiones —compromisos— que determinan nuestra conducta al enfrentarnos con problemas y crisis en el matrimonio. A continuación vamos a considerar cinco pautas, cinco compromisos, que forman parte de la base de un matrimonio sano.[2]

Primer compromiso: "Voy a seguir creciendo en Cristo toda mi vida".

Lamentablemente, la mayoría de los cristianos no piensan así. Llegan a una cierta edad espiritual, y allí se quedan. Pero el problema es que ninguno de nosotros ha llegado a la verdadera madurez espiritual, es decir, a la medida de Cristo. Todos tenemos espacio para crecer.

El matrimonio sano es una relación que crece, y eso es posible solamente si nosotros estamos creciendo como individuos.

1/ Pero ¿cómo medimos el crecimiento espiritual? ¿Cómo puede uno saber si realmente está creciendo, o no?

Quienes somos padres hemos visto como la personalidad de un niño se va ampliando, complejizando. Las reacciones de un niño de dos años no son adecuadas para uno de cinco. Así también en la vida espiritual y la vida matrimonial. En cada etapa de nuestro desarrollo encontramos nuevas situaciones, nuevos problemas, que requieren reacciones cada vez más maduras.

---

[2] *Estos cinco puntos fueron extraídos de un artículo escrito por Laurin White "Building Marriages for Life" que apareció en la revista "Discipleship", número 14.*

2/ ¿Qué diferencias debemos encontrar en la situación que vive una pareja que lleva dos años de casados, y otra que lleva veinte?

Segundo compromiso: "Acepto que nuestra relación es permanente, y voy a esforzarme para resolver los problemas que aparezcan".

Nuestra tendencia es tapar los problemas, huir de ellos. Hay parejas que han sufrido durante años por problemas que debieron haber enfrentado y resuelto. A veces, se esconden en el silencio, fingiendo que los problemas no existen. Otras, él huye con sus amigos, mientras ella se refugia en los niños. Y, por supuesto, en demasiados casos se separan con la esperanza de encontrar la felicidad en la formación de otra pareja.

3/ ¿Han encontrado maneras de resolver los problemas y conflictos de su matrimonio, o tienden a esquivarlos? Explique su respuesta.

Lo correcto es aceptar que nuestra relación es permanente, y ponernos a trabajar para que nuestro matrimonio sea lo más sano y feliz posible. Por supuesto, existen los casos extremos, donde la relación ha sido dañada fatalmente. La separación nunca es una solución feliz; sin embargo, las Escrituras reconocen que hay ocasiones cuando es inevitable. Trataremos el tema de la separación en el próximo cuaderno. En la lección 7 de este cuaderno hablaremos más ampliamente en cuanto a cómo resolver conflictos y problemas.

Tercer compromiso: "Voy a serle fiel a mi cónyuge, no solamente en lo que hago, sino también en lo que pienso".

Los medios de comunicación nos bombardean constantemente con imágenes de sexo. Y nosotros miramos... y pensamos.
Uno diría: "pensar no hace daño a nadie". Pero en esta área de la vida, y para el discípulo de Jesucristo, sí hace daño. Santiago. 1:14 y 15 detalla bien como el proceso que comienza con un pensamiento llega finalmente a la muerte.
4/ Lea Mateo 5:28. ¿Por qué los pensamientos y las acciones son igualmente condenables para Dios?

Ésta es una de las áreas de la vida donde no conviene soñar. Es fácil crear ilusiones en cuanto a esa chica que vemos todos los días en el trabajo, o ese amigo del esposo que es tan comprensivo. Pero si lo pensamos un poco, el adulterio es mucho más que acostarse con una persona que no es nuestro cónyuge.
Hay una sola persona que debe ser el objetivo de mis sueños románticos. Pero a veces mis ojos miran... y mi mente piensa. Una solución al problema se encuentra en Marcos 9:47 ¡y un hermano sugirió una vez que debemos tomarlo literalmente!

5/ Pero si lo pensamos un momento, sabemos que la aplicación literal no es la solución.

   a/¿Por qué?

   b/ ¿Qué debemos hacer, entonces, para evitar el adulterio emocional?

Cuarto compromiso: "Voy a comunicarme con mi cónyuge, a pesar de todos los obstáculos".

   Ya hemos hablado de este tema y lo tocaremos otras veces en el futuro. El lugar de la comunicación en el matrimonio es tan importante, que será imposible exagerarlo.

6/ Busque Génesis 2:25.

   a/ ¿Cómo se puede aplicar este versículo al aspecto "comunicación" de nuestro matrimonio?

   b/ ¿Por qué no existe esa "transparencia" actualmente?

Usted ya sabrá que esto no es fácil. Requiere trabajo, voluntad. Requiere un esfuerzo de nuestra parte para comunicar, no solamente datos y hechos de la vida cotidiana, sino también lo que sentimos y pensamos, los problemas, los fracasos. Necesitamos expresar tanto las cosas positivas, como las negativas. Nos abrimos, no para criticar o atacar al cónyuge, sino para ser transparentes, y así lograr esa "una sola persona" que es esencial para el matrimonio realmente sano y feliz.

Quinto compromiso: "Voy a aprender a servir a mi cónyuge".

No es fácil, para ninguno de los dos. El esposo muchas veces piensa que como cabeza de su hogar, su esposa debe servirle a él. Y la esposa, no tiene ningún interés en convertirse en esclava de su esposo.

7/ ¿A qué conclusión nos llevan:
    a/ Marcos 10:45 y Filipenses 2:5?

    b/ Gálatas 5:13 y Efesios 5:21?

8/ ¿Es difícil para usted tomar la posición de siervo frente a su cónyuge? ¿Por qué?

Ser siervo es una actitud que tenemos que asumir. No viene por sí sola. Es un acto de la voluntad, un compromiso. Si nos servimos mutuamente en amor, por Cristo, encontraremos que nace una relación que también nos satisface mutuamente. El matrimonio es un comprometerse. Quizás no lo veíamos así cuando nos casamos, pero el matrimonio sano requiere que aceptemos delante de Dios la responsabilidad que asumimos al casarnos. Si nos comprometemos a amar, a comunicar, a servir, a buscar soluciones a los problemas, a ser fieles, estaremos en camino hacia el hogar feliz que todos anhelamos. Repito: mi tarea no es buscar maneras de cambiar a mi cónyuge como yo quiero, sino cambiarme a mí mismo según lo que Dios quiere.

Nota: ¿Recuerdan los consejos dados al terminar la lección 3 en cuanto a la comunicación? ¿Los han seguido? ¿Han notado mejoras en esta dimensión de su relación? ¿Alcanzan ahora un promedio mejor?

6
El amor

Vuelve siempre una pregunta
que no puedo contestar.
Si el amor no es egoísta,
¿por qué la FIDELIDAD?
Porque te amo, quiero que seas feliz.
Porque te amo, conmigo o sin mí, conmigo. . .

Si mi amor se fue esta noche
y es feliz con quien está,
¿por qué me muero de celos
si el amor antes de nada está?
Porque te amo, quiero que seas feliz.
Porque te amo, conmigo o sin mí, conmigo. . .
(Una canción de amor)

Cuando escuchamos canciones parecidas a ésta, queda la pregunta inquietante: ¿Qué es, realmente, el amor? ¡Si fuera lo que dicen las canciones...!
Pero como discípulos de Jesucristo, sabemos que el verdadero amor no es tan sencillo. Tiene varias dimensiones. Hay raíces bíblicas que trascienden el concepto popular. En realidad, hemos de tocar el tema varias veces en esta serie de estudios para poder cubrir lo mínimo necesario para la vida en pareja. Comenzaremos el diálogo con esta lección.

El amor se asemeja a un triángulo: tiene tres facetas, cada una es necesaria si ha de mantener su integridad.

Una faceta es el **amor-amistad**. La manera ideal de comenzar una relación de pareja es por vía de la amistad. Dos personas se conocen, han trabajado juntas, comparten valores y experiencias. Luego, comienzan a interesarse con otros motivos.

Felices las parejas que son verdaderos amigos. Hacen cosas juntos, comparten su tiempo libre porque les gusta la compañía del otro. Pero esto es algo que debe crecer con los años de casados, porque la verdadera amistad se va forjando con el tiempo.

Podemos ilustrarlo con un gráfico como el dibujo 1.

Una segunda faceta seria el **amor romántico**. El mundo cree que éste es el único amor, pero por supuesto, es solamente un aspecto de un amor sano.

10

1

Tiempo de la relación   *Dibujo 1*

Incluye la atracción física, el cariño, el sexo. Es, normalmente, el aspecto más fuerte en la pareja joven, pero con los años pierde su lugar de prominencia. El amor romántico es siempre necesario en el matrimonio, pero con relación a los otros dos aspectos, es normal y correcto que ceda el primer lugar. El dibujo 2 ilustra esta dimensión del amor.

10

1

Tiempo de la relación   *Dibujo 2*

La tercera faceta del amor íntegro sería el **amor ágape**. "Agape" es la palabra griega que se traduce por "amor" en pasajes como Juan 3:16. Es el amor-entrega, el amor que da, el

10

0

Tiempo de la relación   *Dibujo 3*

que Pablo describe en 1 Corintios 13. Es el amor que sirve a pesar de los problemas, que aguanta cuando los otros dos aspectos del amor parecen haber desaparecido.

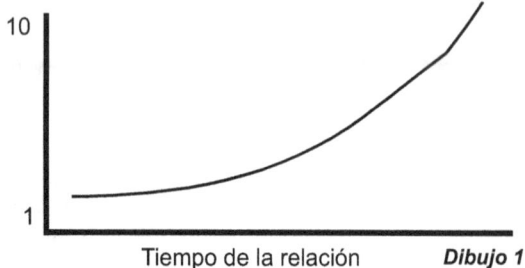

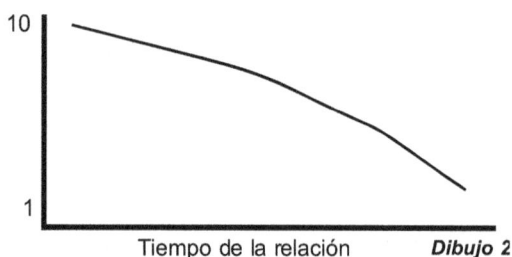

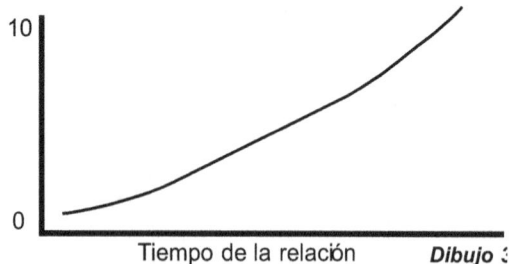

Pero también es un amor que tenemos que aprender con el tiempo. No nos viene de una manera natural como los otros dos aspectos. Es algo que Dios y la experiencia nos enseñan. Lo podemos ilustrar gráficamente de la forma del Dibujo 3. Repito: los tres aspectos son igualmente necesarios. El "amor" sin uno de los tres, es algo trunco, inefectivo.

1/ Piense un momento. Supongamos que en una relación existen dos de los aspectos del amor, pero falta uno. ¿Qué problemas podría tener una pareja si falta a/ el amor-amistad?

b/ el amor romántico?

c/ el amor ágape?

Una buena manera de comprender mejor la verdadera naturaleza del amor es compararlo con algunas ideas populares. A continuación, doy una serie de ocho afirmaciones que, a mi parecer, son falsas. Quizás usted no esté de acuerdo con esta evaluación. De todos modos, explique en cada caso por qué está, o no está de acuerdo con la afirmación.

⇒ "Creo que el 'amor a primera vista' es real en ciertos casos".

2/ Su evaluación:

⇒ "Creo que personas que realmente se aman, no tendrán discusiones o peleas".

3/ Su evaluación:

⇒ "Creo que es fácil distinguir entre el verdadero amor y el apasionamiento".

4/ Su evaluación:

⇒ "Creo que Dios ha seleccionado una sola persona para que sea nuestro cónyuge, y que él nos une".

5/ Su evaluación:

⇒ "Creo que si hay verdadero amor en la pareja, los problemas y dificultades no lo perjudicarán".

6/ Su evaluación:

⇒ "Creo que es mejor casarse equivocándose de persona, que pasar toda la vida solo".

7/ Su evaluación:

⇒ "Creo que si dos personas realmente se aman, ese amor es permanente, dura toda la vida".

8/ Su evaluación:

⇒ "Creo que los adolescentes son más capaces de sentir el verdadero amor que los mayores".

9/ Su evaluación:

En un sentido, con esta lección apenas hemos tocado un tema inagotable, pero lo seguiremos tratando en el segundo cuaderno de "Diálogos para matrimonios". Mi intención en esta lección ha sido solamente ayudarles a distinguir entre los conceptos populares del amor, y a definir los elementos mínimos del amor duradero.

10/ Como ejercicio final, y basándose en esta lección, complete la siguiente frase:
"El amor es. . .

7
Cuando hay desacuerdos

—*Otra vez... no llevaron la basura.*

—*Y... ¿qué?*

—*Bueno, eso pasa porque no la sacas a la vereda a tiempo.*

—*De nuevo me sales con eso. ¿Cómo voy a sacar la basura cuando tengo que preparar a los chicos para ir a la escuela y tu ropa para el trabajo?*

—*No es para tanto. Sólo tienes que organizarte un poco mejor. Sí, ese es tu problema: no sabes administrar tu tiempo.*

—*Siempre me vienes con lo mismo. ¿Y si el señor se ocupara de ayudar un poco a su esposa? ¿Si dejara un momento el diario para hacer algo útil?*

—*Vamos nena. Cada uno tiene su lugar, y vos no sabes manejar el tuyo...*

Así comienza el drama cotidiano en muchos hogares. Un incidente insignificante, pero que lleva a acusaciones, abre viejas heridas, y pone otro ladrillo en el muro que separa a dos personas que deben ser una sola.

Vamos a pensar nuevamente en lo que normalmente ocurre durante los primeros meses o años del matrimonio. Dos personas se conocen. Tienen algunas cosas en común, pero en muchas otras, difieren. Cuando recién se conocieron, no notaron las diferencias, pero al acercarse, cada vez son más evidentes. Él, por ejemplo, prefiere salir de noche, mientras que ella prefiere quedarse en casa. Cuando son novios, es fácil resolver el problema, pero una vez casados, comienzan los conflictos. Es una cosa pequeña, pero cuando se va sumando a muchas otras cosas pequeñas, surgen los desacuerdos, los conflictos, las peleas. Seguramente usted podría llenar algunas hojas con la lista de diferencias entre usted y su cónyuge, diferencias que fácilmente llevan al

Diferencia
(Que no se siente mientras
se mantiene la distancia.)

Desacuerdo
(Es inevitable al acercarse)

Disputa

Solución

1- Dominación   3 - Resolución   2 - Alienación

conflicto.

En la práctica, hay tres maneras que las parejas resuelven sus conflictos. Las vemos ilustradas en el siguiente diagrama.

La **primera** solución es la dominación de uno sobre el otro, y no necesariamente el hombre sobre la mujer. Es una relación sin conflictos, porque uno de los dos siempre cede. En el pasado, el hombre dominaba sobre la familia, pero en la familia moderna, a veces la mujer es la que domina.

1/ Explique por qué esta "solución" hace daño al matrimonio.

La **segunda** solución es la alienación. No están de acuerdo entre ellos, ninguno cede, pero en vez de "pelear", comienzan a distanciarse el uno del otro. Cada uno va por su propio camino, vive su propia vida, y se relacionan lo mínimo necesario. Hay muchos matrimonios así; comparten la misma casa, la misma mesa y aun la misma cama, pero en todo lo demás viven separados. Su relación se va secando como una rama cortada.

La **tercera** solución, por supuesto, sucede cuando la pareja aprende a resolver sus conflictos. Una diferencia entre ellos no es una amenaza, sino una oportunidad para acercarse. No se atacan mutuamente, sino que atacan al problema. No siempre es uno el que cede, sino que los dos ceden mutuamente hasta encontrar una solución equilibrada entre los deseos de ambos.

Lo cierto es que habrá diferencias que llevarán a una discusión, pero la discusión en sí no es mala. Ésta puede terminar en una pelea, o puede también llevarrnos a soluciones si está bien manejada.

Pensemos ahora en algunas de las "reglas de juego" que se deben aplicar cuando una diferencia se acerca al conflicto.

⇒ **Nunca criticar al otro en público.** A veces es una manera fácil de evitar confrontarse con el otro. Están conversando con unos amigos, y el esposo menciona que "casualmente yo conozco cierta esposa que siempre..."

2/ Explique las razones de esta regla, es decir, ¿por qué no debemos llevar nuestros conflictos ante los demás?

⇒ **Nunca criticar algo que no se puede cambiar.**
3/ Explique, por qué esta forma de crítica es mala.

⇒ **Nunca se deben almacenar críticas, para luego sacarlas todas a luz en el mismo momento.**
4/ Explique por qué.

⇒ **Nunca utilizar la violencia.** El tema de la violencia en el matrimonio es uno que poco discutimos, aunque sea algo demasiado común. Escuchamos: "¿Qué hombre no pega a su mujer de vez en cuando?" Posiblemente es algo "permitido" dentro de la cultura latinoamericana, pero es incomprensible para un hogar cristiano. Todo lo que hemos estudiado en este cuaderno lo rechaza.

5/ Sobre este tema:
   a/ Si usted conoce casos de violencia en el matrimonio, ¿cuál es la causa?

b/ ¿Por qué debemos evitar siempre la violencia?

c/ Hay también otras formas de "violencia" que no son físicas. ¿Puede dar ejemplos?

⇒ **Nunca evitar el tema atacando a la persona, ni tampoco defendiéndose, diciendo: "Vos haces lo mismo."**
6/ Mateo 7:1-5, ofrece un buen comentario sobre esta pauta. ¿Cómo lo aplicamos aquí?

⇒ **Nunca sacar a luz conflictos viejos como "arma", a menos que sea para resolverlos.**
7/ ¿Por qué?

⇒ **Nunca generalizar, diciendo: "Vos nunca... vos siempre..."**
8/ ¿Por qué?

Agrego una regla más, posiblemente sea esta la clave de todo lo anterior: "Nunca discutir para decidir quién gana; la meta debe ser la satisfacción mutua". En la vida matrimonial, es importante que los dos sean ganadores y ninguno perdedor. Pensemos nuevamente en el diagrama de la página 48. Esta vez, lo ilustro de una manera diferente. Veamos tres posibles soluciones para un conflicto.

La primera posibilidad es que uno de los dos ceda. Esta solu-

ción no es necesaria-
mente mala si la per-
sona que cede lo hace
de buena gana, y si no
es siempre la misma
que lo hace. En la ilus-
tración las flechas indi-
can que uno de los dos adopta la posición del otro. Repito, si
los dos ceden en diferentes oportunidades, y de buena gana, es
una solución aceptable a un conflicto. Nadie pierde, porque al
pasar el tiempo, los dos ganan.

La segunda posibilidad es menos aceptable, pero a veces es
inevitable. Es cuan-
do reconocemos
que no hay solución,
que los dos tenemos
que quedarnos con
nuestras posiciones
y debemos aceptar
esta diferencia entre
nosotros. Hay dife-
rencias de este tipo,
pero no tienen que llevarnos al conflicto. Necesitamos aprender a
respetar la diferencia, aunque a veces nos duela. En la ilustración,
las flechas regresan a la misma persona, indicando que no llega-
ron a un acuerdo mutuo.

La tercera posibilidad es la ideal, cuando los dos ceden y llegan a una posición intermedia. Ambos pierden un poco, pero ganan un poco. En el dibujo, las flechas se encuentran en un punto
medio, pero puede ser que en algunas ocasiones el punto de encuentro esté más
cerca de uno que
del otro; es decir
que a veces uno
cede más, y otras
veces cede menos.
Lo importante es
que lleguen a un
acuerdo aceptable para los dos.

Cuando dos personas viven una vida íntima, las diferencias y
los conflictos son inevitables. Pero no tienen que llevarnos a

---

disputas, o peleas. No tienen que abrir heridas ni construir obstáculos en la relación sana. Podemos aprender a no enojarnos, sino sentarnos a escuchar, conversar y llegar a un acuerdo aceptable para ambas partes.

Pero, ¿qué debemos hacer cuando nos descontrolamos y una diferencia nos lleva a la contienda? ¿Qué debemos hacer cuando perdemos la paciencia, decimos cosas que no debemos y herimos al otro? La última palabra en este caso es el "perdón". El tiempo nunca borra las contiendas, nunca sana las heridas. El recuerdo y la amargura de una pelea puede molestarnos durante años. Los efectos de una contienda solamente se borran con el perdón. Citamos aquí un consejo muy sano:

> *Hacen falta dos personas para crear un problema matrimonial, y si yo he participado de la disputa, he sido parte del problema. Tal vez ella estuvo interpretándome mal. Puede que ella lo empezase sin tener esto en cuenta. Y aun en el caso de que mi culpa fuese del uno por ciento y la suya del noventa y nueve por ciento (lo que normalmente no es así), necesito buscar humildemente su perdón por este uno por ciento mío.[3]*

9/ Las Escrituras tienen mucho que decir sobre el tema del perdón. ¿Cómo se deben aplicar los siguientes pasajes a la vida matrimonial:
   a/ Mateo 5:23?

   b/ Mateo 6:14, 15?

---

[3] *Tomado del libro "El hombre total" de Dan Benson, Editorial CLIE, página 204.*

c/ Lucas 17:3,4?

d/ Colosenses 3:13?

Que la paz del Señor sea sobre cada uno de nuestros hogares.

8
El hogar cristiano

—*Buen día, doña Lidia.*
—*Buen día... ¿de dónde viene?*
—*Estuve con la señora de Fernández. Tomé un tecito con ella.*
—*Ahhh... los Fernández. ¿Son evangelistas, no es cierto?*
—*Sí, son evangélicos.*
—*¿Sabe? Siempre me he preguntado acerca de ellos. Veo que van a su iglesia casi todos los días, y que siempre hay gente que entra y sale de su casa. Saludé a la señora algunas veces, y parece una buena persona, pero nunca hemos conversado. ¿Cómo son, realmente?*
—*Bueno, es un poco difícil decir... no hace mucho que los conozco. Pero hay algo en esa casa, no sé bien como explicarlo. Veo que ella y su esposo se tratan tan bien, y nunca he oído que ella les grite a los chicos como hacen algunas. Son muy religiosos y siempre tienen una Biblia por ahí, y hablan de Dios. Pero no es eso lo que me llama la atención. No sé que es. Me reciben tan bien y me siento tan cómoda con ellos. Realmente no sé explicarlo, pero hay algo en esa casa...*

Sí, debe haber un "algo" en nuestras casas. La presencia de Jesucristo en nuestras vidas debe sentirse también en el seno del hogar.

Los consejeros matrimoniales generalmente están de acuerdo en que debe haber un mínimo de cuatro cualidades en el hogar cristiano:

⇒ **El señorío de Jesucristo**. Los esposos intentan obedecerlo a él y aplicar su Palabra a la vida familiar. Podría ser que no lo hicieran cabalmente, pero por lo menos lo intentan.

⇒ **El perdón**. Los esposos saben perdonarse después de una disputa y olvidar.

⇒ **La aceptación**. Tal como Cristo nos aceptó sin condiciones, a pesar de todas nuestras "arrugas", así también los esposos se aceptan el uno al otro plenamente, "a pesar de todo".

⇒ **El sacrificio**. Es decir, que estoy dispuesto a olvidar algunos de mis "sueños", a ceder algunos de mis "derechos". No lo dejo bajo una presión, sino que, pensando en mi cónyuge, decido renunciar a ellos, pasando de una situación de "tú" y "yo" a una de "nosotros".

1/ Si tuviera que poner en orden estas tres últimas cualidades, indicando cuál de las tres debe ocupar el primer lugar, el segundo, etc., ¿cómo lo haría? Indíquelo aquí:
a -

b -

c -

d -

La clave de los cuatro factores es, por supuesto, el señorío de Cristo. La obediencia a Cristo en los detalles de la vida hogareña crea un ambiente cada vez más "perfumado" con su presencia. (2 Corintios 2:15)

Vamos a pensar en algunas maneras prácticas a través de las cuales una familia puede expresar el señorío de Jesucristo.

2/ Busque Deuteronomio 6:4-9. ¿De qué maneras podemos aplicar este pasaje a la vida del hogar?

Cada matrimonio debería compartir un tiempo juntos, un tiempo "devocional", un tiempo donde ambos participen en dos actividades mínimas:

⇒ Lectura o estudio de la Biblia. Puede ser simplemente lectura, turnándose, y utilizando una o más versiones modernas de la Biblia. También pueden seguir un estudio sencillo, como algunos de los cuadernos que publicamos en Ediciones Crecimiento Cristiano o materiales publicados por Ediciones Certeza. Es importante compartir un tiempo juntos leyendo la Palabra de Dios.

⇒ Oración. Oraciones cortas, específicas. Es un momento donde los dos pueden participar, y orar por personas y situaciones que afectan a la familia.

Es importante entonces que sea un tiempo flexible en su desarrollo, alternando métodos, materiales, etc. La rutina "mata" el tiempo devocional.

3/ Si tienen un tiempo devocional en su hogar, o ha participado en uno, explique de qué manera lo hacen.

4/ Según su propia experiencia:
a/ ¿Cuáles son los principales estorbos para realizar un devocional familiar?

b/ ¿Qué soluciones ha probado o encontrado para estos estorbos?

Aunque el tiempo devocional debe ser flexible en la forma de hacerlo, debe mantenerse constante. Es decir, necesitamos ese tiempo, y para lograrlo vale la pena luchar contra las dificultades. Además, la familia cristiana participa en la iglesia. Es decir, no solamente "asiste a sus reuniones", sino que es una parte activa de ella.

5/ Partiendo de Romanos 12:4, 5 y Efesios 2:19-22, pasajes que exponen la naturaleza de la iglesia, explique:
   a/ ¿Por qué, como matrimonio, necesitamos de la iglesia?

b/ ¿Por qué la iglesia necesita de nosotros?

Sí, debemos ser de la iglesia, pero no es fácil encontrar el equilibrio entre la vida de la iglesia y la vida familiar. En un extremo, están los matrimonios que asisten de vez en cuando a las reuniones de la iglesia; en el otro extremo, los matrimonios que están tan ocupados con actividades de la iglesia que no tienen tiempo para la vida del hogar.

Si establecemos un orden de prioridades, la familia está antes que la iglesia. Una lista en orden de prioridades sería:

1 - Dios
2 - Nuestro cónyuge
3 - Nuestros hijos
4 - La iglesia

Si mi actividad en la iglesia interfiere para que no sea buen esposo o un buen padre, entonces no estoy cumpliendo con mi primera responsabilidad. Pero a la vez, para ser buen padre y esposo, tengo que asegurar que mi familia participe en la iglesia.

6/ Haga una lista de las actividades relacionadas con la iglesia que tienen usted y su cónyuge.

7/ ¿Cuál de las siguientes palabras expresa mejor su participación como matrimonio en la iglesia?
⇒ sobrecargados
⇒ muy ocupados
⇒ un buen equilibrio
⇒ poca participación
⇒ casi nada

Explique:

8/ Si su participación como matrimonio es:

a/ Excesiva, ¿qué pueden hacer para mejorar la situación? Sea muy práctico en su respuesta.

b/ Insuficiente, ¿qué pueden hacer para mejorar la situación? Sea muy práctico en su respuesta.

Hay varias maneras en que la familia puede expresar su relación con Cristo. Por ejemplo, por medio de la hospitalidad. La palabra griega que se traduce por "hospitalidad" significa "amor hacia los extraños". Es, sencillamente, la costumbre de abrir nuestro hogar a otros.

9/ ¿Qué aprendemos acerca de la hospitalidad en Romanos 12:3; Hebreos 13:2 y 1 Pedro 4:9?

10/ Enumere algunas maneras en que podemos practicar la hospitalidad.

¿Cuáles son, entonces, las marcas del hogar cristiano? La principal es la presencia de Jesucristo, una presencia que determina todo el ambiente del hogar. Pero también hemos visto otras maneras en que ese señorío se aplica a la vida familiar. Lo podemos resumir diciendo lo siguiente:

⇒ Jesucristo es Señor del hogar.

⇒ Los esposos saben perdonar.

⇒ Se aceptan a pesar de todo.

⇒ Están dispuestos a dejar de lado sus propios deseos para agradar a los demás.

⇒ Tienen un "tiempo devocional" juntos, un tiempo de comunión con Dios.

⇒ Participan en la vida de la iglesia.

⇒ Utilizan su hogar para servir también a personas que no son de la familia.

Conclusión

Si han logrado llegar hasta aquí, estoy convencido de que estos diálogos han sido útiles. Conversar sobre nuestra relación matrimonial es una buena manera de mejorarla.

Para seguir con el tema, recomendamos el segundo cuaderno sobre el matrimonio, que toca temas que no logramos cubrir en este estudio.

Que el Señor nos ayude a aplicar los principios que hemos examinado juntos.

Cómo utilizar estos materiales

Estos cuadernos son *guías de estudio*, es decir, su propósito es guiarle a usted para que haga su propio estudio del tema o libro de la Biblia que desarrolla este material.

El cuaderno propone un diálogo. En él introducimos el tema, sugerimos cómo proceder con la investigación, comentamos, pero también preguntamos. Los espacios después de las preguntas son para que usted anote su respuesta a ellas.

Esperamos que, por medio del diálogo, le ayudemos a forjar su propia comprensión del tema. No de segunda mano, como cuando se escucha un sermón, sino como fruto de su propia lectura y investigación.

¿Cómo hacer el estudio?

1 - Antes de comenzar, ore. Pida ayuda a Dios que le hable y le dé comprensión durante su estudio.

2 - Se deben leer los pasajes bíblicos más de una vez y preguntarse: ¿Qué dice el autor? Aunque muchos utilizan la versión Reina-Valera de la Biblia, conviene tener otra versión o versiones disponibles para comparar los pasajes entre las dos. La "Versión popular" y la "Nueva versión internacional" le pueden ayudar a ver el pasaje con más claridad.

3 - Siga con la lectura de la lección. Responda lo mejor que pueda a las preguntas.

4 - Evite la tendencia de "apurarse para terminar". Es mejor avanzar lentamente, pensando, preguntando, aclarando.

En grupo

El estudio personal es de mucho valor pero se multiplican los beneficios si lo acompaña con el estudio en grupo. Un grupo de hasta 8 personas es lo ideal. Pero, puede ser que por diferentes motivos el grupo esté formado por usted y una persona más, aun así, es mejor que estudiar solo.

En realidad, estos cuadernos han sido diseñados con ese motivo: estimular el estudio en células, en grupos pequeños. La manera de hacerlo es fácil:

1 - **Usted hace en forma personal una de las lecciones del cuaderno.** Aun cuando pueda haber cosas que no entienda bien, haga el mayor esfuerzo posible para completar la lección.

2 - **Luego se reune con su grupo.** En el grupo comparten entre todos las respuestas de cada pregunta. Puede ser que no tengan las mismas respuestas, pero comparando entre todos las van aclarando y corrigiendo. Es durante este compartir semanal de una hora y media, este diálogo entre todos, donde se encuentra la verdadera riqueza y que nos provée esta forma de estudio.

3 - **Evite salirse del tema.** El tiempo es oro, y lo más importante es enfocar todo el esfuerzo del grupo en el tema de la lección. Luego, pueden dedicar tiempo para conocerse más y tener un rato social.

4 - **Participe.** Todos deben participar. La riqueza del trabajo en grupo es justamente eso.

5 - **Escuche.** Hay una tendencia de apurar nuestras propias opiniones sin permitir que el otro termine. Vamos a aprender de cada uno, aun de los que, según nuestra opinión, están equivocados.

6 - **No domine la discusión.** Puede ser que usted tenga todas las respuestas correctas, sin embargo es importante dar lugar a todos, y estimular a los tímidos a participar. No se trata de sobresalir, sino de compartir aprendiendo juntos.

Si en el grupo no hay una persona con experienca en coordinarlo, se puede encontrar ayuda para dirigir un grupo en:

1 - Nuestra página web, www.edicionescc.com. La sección "Capacitación" ofrece una explicación breve del método de estudio.

2 - En las últimas páginas de nuestro catálogo se ofrece también una orientación.

3 - El cuaderno titulado "Células y otros grupos pequeños" es un curso de capacitación para los que desean aprender cómo coordinar un grupo.

4 - Hay algunas guías que disponen de un cuaderno de sugerencias para el coordinador del grupo.

Finalmente diremos que las guias no contienen respuestas a las preguntas ya que el cuaderno es exactamente eso, una guia, una ayuda para estimular su propio pensamiento, no un comentario ni un sermón. Le marcamos el camino, pero usted lo tiene que seguir.

Que el Señor lo acompañe en esta tarea y si necesita ayuda, comuníquese con nosotros. Estamos para servirle.

Se terminó de imprimir en los
Talleres Gráficos de
Ediciones CC
Córdoba 419 - Villa Nueva, Pcia de Córdoba
Abril de 2014
IMPRESO EN ARGENTINA

www.ingramcontent.com/pod-product-compliance
Lightning Source LLC
Chambersburg PA
CBHW060711030426
42337CB00017B/2838